ISSN : 0297 6846 – ISBN : 2.221.07747.4

Photogravure AZER – Imprimé par MAURY-IMPRIMEUR S.A.
et relié par la SIRC
N° d'éditeur : 35015 – N° d'imprimeur : 44627 L
Dépôt légal : octobre 1991

UN VALEUREUX CHEVALIER, COMBAT SEUL UN TERRIBLE DRAGON CRACHEUR DE FEU ...
L'ORIGINE DE CETTE MYSTERIEUSE LÉGENDE SE PERD DANS LA NUIT DES TEMPS.
... POURTANT, JAMAIS HOMMES ET DRAGONS NE PURENT S'AFFRONTER ... LES LÉZARDS GÉANTS, LES DINOSAURES DISPARURENT DES MILLIONS D'ANNÉES AVANT L'APPARITION DE L'ESPÈCE HUMAINE ...
ET SEULS LEURS SQUELETTES FOSSILISÉS GRAVÉS DANS LA PIERRE TÉMOIGNENT DE LEUR EXISTENCE SUR LA TERRE

Si nos ancêtres ne luttèrent jamais contre les dragons, ils durent se battre contre les grands prédateurs qui vivaient encore aux temps préhistoriques ... pour se vêtir ... se nourrir ... survivre ... une nécessité vitale qui devint par la suite un jeu cruel ... un plaisir ... le plaisir de tuer sans raison ...
... En moins de 35 000 ans, le fragile homo sapiens dépourvu de griffes, de crocs, de venin, a réussi à imposer sa domination sur le règne animal.
Même les plus grands fauves, les géants de la terre et des océans ont été repoussés, exterminés par les milliards d'êtres humains répandus sur la planète.
Un dernier refuge naturel échappe encore à la domination de l'espèce humaine ... les abîmes sombres et glacés des océans ... où, peut-être, survivent encore des créatures inconnues et terrifiantes ...

PIEUVRES GÉANTES, BALEINES TUEUSES, RAIES DIABOLIQUES, MURÈNES SANGUINAIRES ... LES ROMANCIERS À L'IMAGINATION FERTILE ONT PEUPLÉ LES OCÉANS DE MONSTRES EFFROYABLES ...
... PRÉTENDUS CAPABLES D'ENTRAÎNER UN NAVIRE SOUS LES FLOTS, D'ÉCRASER UNE BARQUE OU D'ÉTOUFFER UN PLONGEUR ... CES FABLES ONT VITE ÉTÉ DÉMYSTIFIÉES. SEULE UNE CRÉATURE MARINE CONTINUE DE FAIRE FRISSONNER LES TERRIENS ... LE REQUIN ...
ANIMAL MÉCONNU ET TERRIFIANT, REPUTÉ POUR ÊTRE UN MANGEUR D'HOMMES, LE NOM DU REQUIN RÉSONNE COMME LE GLAS DU REQUIEM DE LA MESSE DES MORTS. POPULARISÉ PAR LE CINÉMA À SENSATION, IL A CONNU UN SUCCÈS MONDIAL. VÉRITÉ OU FICTION ..?

L'APPARITION DE SON AILERON EST UN SIGNAL DE MORT... ET SUFFIT À SEMER LA TERREUR.
MALHEUR AU PÊCHEUR ISOLÉ QUI NE VOIT PAS VENIR LE DANGER...
LENTEMENT, MAIS SÛREMENT, LE SQUALE SE RAPPROCHE...
SOUDAIN C'EST L'HORREUR. UNE GUEULE TERRIFIANTE SURGIT... ET SE REFERME SUR LE MALHEUREUX.
... MÊME LA BARQUE A DISPARU ENTRAÎNÉE SOUS LES FLOTS... SEULE UNE LARGE TACHE ROUGE BOUILLONNANTE MARQUE L'EMPLACEMENT DU DRAME...

POUR LE "GRAND REQUIN BLANC" CE N'EST QU'UN "AMUSE-GUEULE" IL VA SÛREMENT REVENIR, FAITES BIEN ATTENTION!
AH!! AH!!! VOUS VOYEZ, IL A MÊME MANGÉ LA BARQUE! LE MONSTRE A L'ESTOMAC TRÈS SOLIDE! RIEN NE LUI RÉSISTE!!!
...MAIS OUI, C'EST LUI, LE REVOILÀ! IL FONCE SUR NOUS, C'EST TERRIBLE...
GARE A^C CEUX QUI SONT AU PREMIER RANG!!
AAAH! NON!!!
...DE L'EAU GLAUQUE DU BASSIN JAILLIT UN ÉNORME REQUIN, LA MÂCHOIRE BÉANTE, ET SES DENTS CLAQUENT AU NEZ DES SPECTATEURS

OUAH! SUPER EXTRA! ...!!
DANS UN JAILLISSEMENT D'ÉCUME, LE MONSTRE DE PLASTIQUE FEND LES FLOTS EN FAISANT CLAQUER SA MÂCHOIRE, AGITANT SA QUEUE AINSI QUE SES AILERONS.
VOUS AVEZ SOUS LES YEUX LA RÉPLIQUE EXACTE DU "GRAND REQUIN BLANC", LA VEDETTE DU FILM QUI A RAPPORTÉ UNE MONTAGNE DE DOLLARS ET FAIT HURLER DE PEUR DES MILLIONS DE SPECTATEURS..
ET VOILÀ! AINSI SE TERMINE LE SPECTACLE... N'OUBLIEZ PAS, MESDAMES, MESSIEURS, DE JETER UN OEIL SUR NOTRE BOUTIQUE DE LA "MORT BLANCHE"!
LA MORT BLANCHE, VRAIMENT CINDY, QUELLE BLAGUE! VIENS, ALLONS PRENDRE UN SODA!
GROS MALIN... JE VOUDRAIS BIEN TE VOIR FACE À UN TEL MONSTRE!!!
... EH BIEN JUSTEMENT, DANS UNE SEMAINE, IL SE POURRAIT QUE J'AILLE LE VOIR EN VRAI...
QUOI? J'ESPÈRE QUE TU PLAISANTES, SERGE ... DIS, C'EST ENCORE UN DE TES GAGS!!!

PAS DU TOUT, CINDY, C'EST VRAI, LA FONDATION COUSTEAU A PREVU UNE MISSION D'ÉTUDE SUR LES REQUINS BLANCS EN AUSTRALIE...
ET NATURELLEMENT TU ES VOLONTAIRE... C'EST POUR M'ANNONCER ÇA QUE TU M'AS TRAÎNÉE ICI... AH! PARFAIT!
MAIS CINDY, JE RÊVE DE VOIR CE REQUIN DEPUIS MA PREMIÈRE PLONGÉE! C'EST INESPÉRÉ!
ET MOI JE SUIS UN CAUCHEMAR...? JE N'AI PAS LA VOCATION DES FEMMES DE MARIN! TU VIENS À PEINE DE RENTRER... ÇA SUFFIT!!!
KILLER SHARK
...JE N'Y PEUX RIEN CINDY, JE SUIS PLONGEUR CHEZ COUSTEAU C'EST DUR, MAIS JE DOIS.
OH! ÇA VA!... ARRÊTE TON COUPLET TU ADORES LES POISSONS... ALORS RESTE AVEC EUX!!!
CINDY... EH! REVIENS! TON SODA...
TU LE DONNERAS À TON CHER REQUIN... SALUT!!!
LE CŒUR ENCORE LOURD À LA SUITE DE CETTE DISPUTE, SERGE SE REND SEUL AUX BUREAUX DE LA FONDATION COUSTEAU DE LOS ANGELES.
HOLLYWOOD
BURGER
OAK CAFE
SONY
NIKON
MIK'S

AH ! UN REVENANT ! TES PALMES TE DÉMANGENT DÉJÀ ! TU VIENS AUX NOUVELLES !
OUI ! JE CROIS QUE J'AI MA DOSE D'OXYDE DE CARBONE !
STEAU CIETY
TU N'AURAIS PAS UNE IDÉE DE LA LISTE DES HEUREUX GAGNANTS DE LA PROCHAINE MISSION...
JE NE SUIS SÛRE QUE D'UNE CHOSE, C'EST QUE MOI, JE NE RISQUE PAS DE PARTIR... TIENS... UNE LETTRE...
COUSTEAU SOCIETY
HUM HUM ! ÇA SENT L'AIR DU LARGE... VOYONS... VOYONS...
... LES RAPPORTS DE LA DERNIÈRE MISSION À BORNÉO... ET ÇA...
WATER PLANET
COUSTEAU
OUAH !!! SUPER !!! C'EST CONFIRMÉ ! JE PARS POUR LA MISSION REQUIN BLANC... GÉNIAL !!!
ON LES ENVOIE PLONGER AU MILIEU DES REQUINS ET ILS SONT CONTENTS ! QUELLE BANDE DE FOUS !!!
C'EST BIEN CE QUE JE DISAIS... TU ES PROFONDÉMENT ATTEINT...
IMAGINE... TU ES EN PLONGÉE, C'EST LE VIDE, ET SOUDAIN...
HÉ... LÀ ! DOUCEMENT !
TU TE RETOURNES, LE MONSTRE EST LÀ ! GUEULE BÉANTE, TE FIXANT DE SES PETITS YEUX CRUELS !
J'AI VRAIMENT L'AIR D'UN MONSTRE AVEC DES YEUX FROIDS ET CRUELS !!!
AH... EUH ! SALUT JEAN-MICHEL... TU VOIS, J'EXPLIQUAIS COMMENT, EUH...
IMPRESSIONNANTE DÉMONSTRATION... SI TU AS FINI ALLONS DANS MON BUREAU !

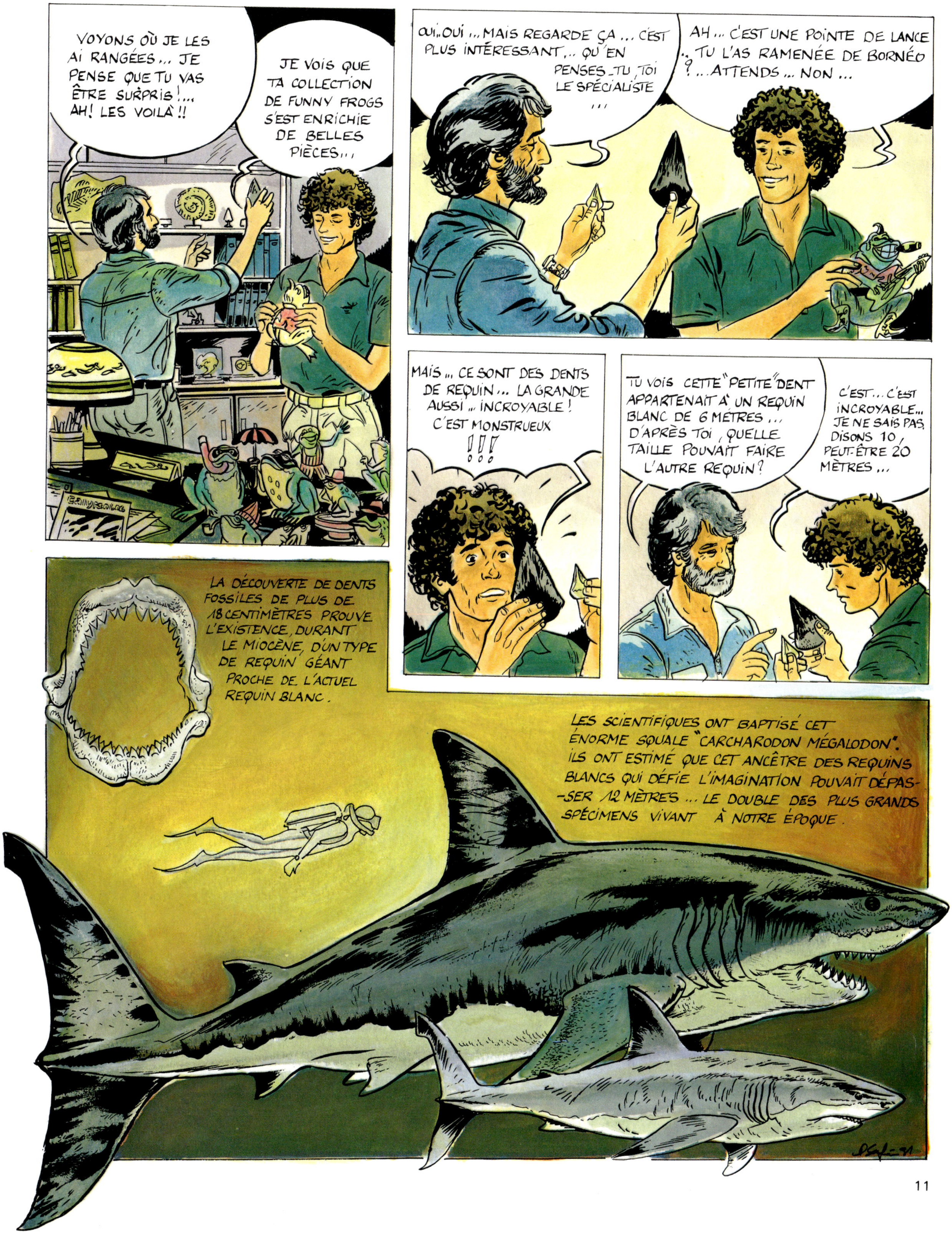
VOYONS OÙ JE LES AI RANGÉES... JE PENSE QUE TU VAS ÊTRE SURPRIS!... AH! LES VOILÀ!!
JE VOIS QUE TA COLLECTION DE FUNNY FROGS S'EST ENRICHIE DE BELLES PIÈCES...
OUI..OUI ... MAIS REGARDE ÇA ... C'EST PLUS INTÉRESSANT... QU'EN PENSES-TU, TOI LE SPÉCIALISTE ...
AH... C'EST UNE POINTE DE LANCE .. TU L'AS RAMENÉE DE BORNÉO ? ...ATTENDS ... NON ...
MAIS ... CE SONT DES DENTS DE REQUIN... LA GRANDE AUSSI ... INCROYABLE! C'EST MONSTRUEUX
!!!
TU VOIS CETTE "PETITE" DENT APPARTENAIT À UN REQUIN BLANC DE 6 MÈTRES... D'APRÈS TOI, QUELLE TAILLE POUVAIT FAIRE L'AUTRE REQUIN?
C'EST... C'EST INCROYABLE... JE NE SAIS PAS, DISONS 10, PEUT-ÊTRE 20 MÈTRES ...
LA DÉCOUVERTE DE DENTS FOSSILES DE PLUS DE 18 CENTIMÈTRES PROUVE L'EXISTENCE, DURANT LE MIOCÈNE, D'UN TYPE DE REQUIN GÉANT PROCHE DE L'ACTUEL REQUIN BLANC.
LES SCIENTIFIQUES ONT BAPTISÉ CET ÉNORME SQUALE "CARCHARODON MÉGALODON". ILS ONT ESTIMÉ QUE CET ANCÊTRE DES REQUINS BLANCS QUI DÉFIE L'IMAGINATION POUVAIT DÉPASSER 12 MÈTRES ... LE DOUBLE DES PLUS GRANDS SPÉCIMENS VIVANT À NOTRE ÉPOQUE.

MAIS EST-ON SÛR QUE CE TYPE DE REQUIN AIT VRAIMENT DISPARU ? PEUT-ÊTRE EN EXISTE-T-IL ENCORE ... IMAGINE QUE L'ON SE TROUVE FACE À UN MONSTRE PAREIL ...
SOIT TRANQUILLE ... CES ANIMAUX VIVAIENT IL Y A 50 À 60 MILLIONS D'ANNÉES ... IL EST PEU PROBABLE QU'ILS AIENT SURVÉCU ... ENCORE QU'EN MER, ON NE SOIT JAMAIS À L'ABRI D'UNE SURPRISE ... TU PEUX TOUJOURS RÊVER ...
EN 1976, UNE ESPÈCE DE REQUIN TOTALEMENT INCONNUE FUT CAPTURÉE ACCIDENTELLEMENT, PRIS DANS L'ANCRE D'UN BATEAU À HAWAÏ. CE TRÈS GRAND REQUIN, DOTÉ D'UNE ÉNORME GUEULE, FUT NOMMÉ "MEGAMOUTH". IL S'AGIT SANS DOUTE D'UN REQUIN DE TRÈS GRAND FOND, SE NOURRISSANT PRINCIPALEMENT DE PLANCTON COMME LE SUGGÈRENT SES DENTS MINUSCULES.
ET CETTE FAMEUSE DENT FOSSILE, TU L'AS TROUVÉE EN MER ?
NON, PAS DU TOUT, DANS UN DÉSERT DE CALIFORNIE, AU COURS D'UNE PREMIÈRE MISSION SUR L'ORIGINE DES REQUINS. IL Y A QUELQUES ANNÉES.
LES PLUS ANCIENS FOSSILES DE REQUIN INDIQUENT QUE LEURS FAMILLES EXISTAIENT DÉJÀ IL Y A 350 MILLIONS D'ANNÉES ALORS QUE LA PLUS GRANDE PARTIE DES CONTINENTS ÉTAIT ENCORE SOUS LES EAUX
calypsolog

LE MÉGALODON VÉCUT À LA FIN DE L'ÈRE DES GRANDS DINOSAURES QUI COÏNCIDE AVEC L'APPARITION DES PREMIERS GRANDS MAMMIFÈRES MARINS.
ET ON PEUT IMAGINER LES COMBATS TITANESQUES QUE POUVAIT LIVRER CET ÉNORME REQUIN AVEC LES ANCÊTRES DES BALEINES COMME LES BASILORUS, LES PROCETUS... DES PROIES À LA MESURE DE L'APPÉTIT DE L'ÉNORME MÉGALODON...
MOI, CETTE HISTOIRE DE REQUIN GÉANT PRÉHISTORIQUE ME LAISSE VRAIMENT RÊVEUR...
C'EST PARFAIT! TU AURAS TOUT LE TEMPS DE RÊVER DANS L'AVION... NOUS PARTONS DANS TROIS HEURES!
CE SOIR!!! EUH, NON... CE N'EST PAS POSSIBLE!!!
MAIS JE N'AI PRÉVENU PERSONNE... IL FAUT QUE JE PASSE CHEZ MOI!!!
DÉSOLÉ! ON A TOUT LE MATÉRIEL À PRÉPARER ET J'AI ABSOLUMENT BESOIN DE TOI... TU TE DÉBROUILLERAS BIEN...

QUELQUES HEURES PLUSTARD, JEAN-MICHEL ET SERGE EMBARQUENT, DANS LA BOUSCULADE DE L'AÉROPORT DE LOS ANGELES, LE MATERIEL NÉCESSAIRE À L'EXPÉDITION.
SERGE ! TU REVES OU QUOI ! ENVOIE-MOI LE SAC !
The Cousteau Society
TO SAVE OUR WATER PLANET
COUSTEAU EXPEDITIONS
EH!!! MAIS PAS COMME ÇA!!! DOUCEMENT, C'EST LOURD!!!
HELLO SERGE ! ALORS ESPÈCE DE LÂCHEUR ! TU PARS SANS ME DIRE AU REVOIR ... TU SAIS JE ...
CINDY ! TOI !!! JE M'EN VOULAIS TELLEMENT DE PARTIR SANS AVOIR PU TE REVOIR
TU SAIS, C'ETAIT IDIOT CETTE DISPUTE ...
BON ... OK ! J'AI COMPRIS ... ON SE RETROUVE EN SALLE D'EMBAR-QUEMENT ...
POUR JEAN-MICHEL ET SERGE COMMENCE UN VOYAGE À TRAVERS LE TEMPS. ILS QUITTENT L'UNE DES MÉTROPOLES LES PLUS MODERNES DU 20ème SIÈCLE POUR REJOINDRE UNE ÎLE OÙ VIVENT ENCORE LES DERNIÈRES TRIBUS DE L'ÂGE DE PIERRE : LA PAPOUASIE-NOUVELLE-GUINÉE.

Après une longue et fastidieuse traversée aérienne du Pacifique, Jean-Michel et Serge arrivent à Port Moresby, capitale de la Papouasie-Nouvelle-Guinée. Mais, pour eux, le voyage est loin d'être terminé.
Finalement, après avoir changé plusieurs fois d'avion, ils terminent leur périple à bord du "Papagayo", l'hydravion de la fondation. Ils parviennent enfin au cœur d'un dédale de corail de la mer de Bismarck où sont mouillés Alcyone et Calypso.
Ah ! Les voilà ! J'espère qu'ils ont pensé au courrier !!!

L'HYDRAVION IMMOBILISÉ, UN ZODIAC VIENT À SA RENCONTRE.
SALUT ! HEUREUX DE VOUS RETROUVER !!! IL FAUT VRAIMENT LE VOULOIR POUR ARRIVER JUSQUE-LÀ !!!
JE VOIS QUE VOUS N'ÊTES PAS VENUS LES MAINS VIDES... Y-A-T-IL QUELQUE CHOSE POUR L'ÉQUIPAGE ?
OUI... LE COURRIER, LES PELLICULES, ET MÊME DU VRAI CAMEMBERT FRANÇAIS POUR LES AMATEURS !!!
IL ÉTAIT TEMPS... ON A FRÔLÉ LA MUTINERIE !
AH !!! J'AI AUSSI APPORTÉ LA MASCOTTE DE LA PROCHAINE MISSION : UN REQUIN MUSICAL... ÉCOUTE !
POUIC ! POUIC !
AU FAIT, QUEL JOUR SOMMES-NOUS ? ENTRE LE DÉCALAGE HORAIRE ET LE VOYAGE, JE NE LE SAIS MÊME PLUS !
C'EST DIMANCHE, MAIS TU CONNAIS TON PÈRE... IL T'ATTEND !
AUSSITÔT L'HYDRAVION REPART POUR RAVITAILLER UNE AUTRE ÉQUIPE EN MISSION DE RECONNAISSANCE DANS L'ARCHIPEL.

ALORS QUE LE ZODIAC PASSE DEVANT LES TURBOVOILES DE L'ALCYONE ...
ILS SONT SALUÉS PAR UNE PARTIE DE L'ÉQUIPE OCCUPÉE À DES TÂCHES ÉMINEMMENT SCIENTIFIQUES ...
LES RENFORTS ARRIVENT !!! NOUS SOMMES SAUVÉS !
SALUT LES GARS ! NE VOUS INTERROMPEZ PAS POUR NOUS !!!
EH, SERGE ! CONNAIS-TU LE DÉBARQUE-MENT SPÉCIAL ALCYONE ?
NON, POURQUOI ? CE N'EST PAS COMME SUR CALYPSO ? ...
ALCYONE
AH, C'EST VRAI ! C'EST LA PREMIÈRE FOIS QUE TU VIENS SUR ALCYONE ...
BONJOUR LA COMPAGNIE ... ALORS VOUS NE DÉROULEZ PAS LE TAPIS ROUGE !!!
EH, SERGE ! FAIS ATTENTION ! TIENS-TOI !
ET VOILÀ UN SPÉCIAL ALCYONE BIEN CHAUD !
!!!
OH..OH !!! AÏE !!! BON, D'ACCORD !!! J'AI COMPRIS.

SALUT !!! BELLE ARRIVÉE JE RECONNAIS BIEN LÀ LE STYLE INIMITABLE DE NOTRE AMI SERGE ...
AH !!! TOUT LE MÉRITE NE ME REVIENT PAS ... J'AI ÉTÉ AIDÉ !!!
ALCYONE
ALCYONE LA ROCHELLE
VOUS SAVEZ, SERGE, NOUS ALLONS VOUS REGRETTER SUR CALYPSO ... MAIS IL PARAÎT QUE VOTRE PRÉSENCE EST INDISPENSABLE SUR ALCYONE ...
JE CROIS DEVINER POURQUOI ... ET JE ME DEMANDE SI J'AI BIEN FAIT D'ACCEPTER ...
BONJOUR JYC ! EN VOILÀ UNE SURPRISE, LE PACHA DE CALYPSO SUR ALCYONE ... TU NOUS CACHES QUELQUE CHOSE ...
OUI ! J'AI PENSÉ QUE NOUS POURRIONS FÊTER LA RENCONTRE DE CALYPSO ET D'ALCYONE PAR UNE BELLE PLONGÉE ENSEMBLE, D'ACCORD ?!..
MANOEUVRANT AVEC PRÉCAUTION SUR SES DEUX MOTEURS, ALCYONE S'ENGAGE DANS LA PASSE QUI DONNE ACCES AU LAGON DE CORAIL ...

DANS LE CIEL DE CRISTAL LIQUIDE,
LA COQUE D'ALCYONE GLISSE SILENCIEUSEMENT...
ET FRANCHIT LES MURAILLES DÉCHIQUETÉES, HÉRISSÉES DE PICS D'UNE CITADELLE DE CORAIL ...
PUIS ACCÈDE AU COEUR DU COLOSSAL ÉDIFICE VIVANT, CONSTRUIT JOUR APRÈS JOUR PAR DES MILLIONS DE MINUSCULES POLYPES CORALLIENS.

TEL UN VAISSEAU SPATIAL SURVOLANT UNE PLANÈTE INCONNUE, LA COQUE DU NAVIRE PROVOQUE UN MOUVEMENT DE CURIOSITÉ PARMI LES HABITANTS DU MONDE CORALIEN
PRIS ENTRE LA CRAINTE ET LA CURIOSITÉ, UN GROS MÉROU TACHETÉ POINTE LE MUSEAU HORS DE SON TROU, POUR OBSERVER LA CHUTE D'UN OBJET ÉTRANGE QUI CRÈVE LA SURFACE.
EN TOMBANT, L'ANCRE SOULÈVE UN NUAGE DE SABLE CHARGÉ DE DÉLICIEUX PETITS CRUSTACÉS QUI ATTIRE UNE MYRIADE DE POISSONS COLORÉS...
VAINCU PAR LA GOURMANDISE, LE MÉROU S'APPROCHE...

BRUTALEMENT, LE MIROIR SE BRISE, LIVRANT PASSAGE À QUATRE ÊTRES PALMÉS, CRACHANT DES PANACHES DE BULLES...
C'EST TROP POUR LE PAUVRE MÉROU, QUI S'ENFUIT ET SE RÉFUGIE AU FOND DE SA CAVERNE...
... EFFARÉ, IL OBSERVE LES INTRUS QUI ENVAHISSENT SON TERRITOIRE... SOUDAIN, L'UN D'EUX SE GLISSE VERS LUI... AMI OU ENNEMI ?

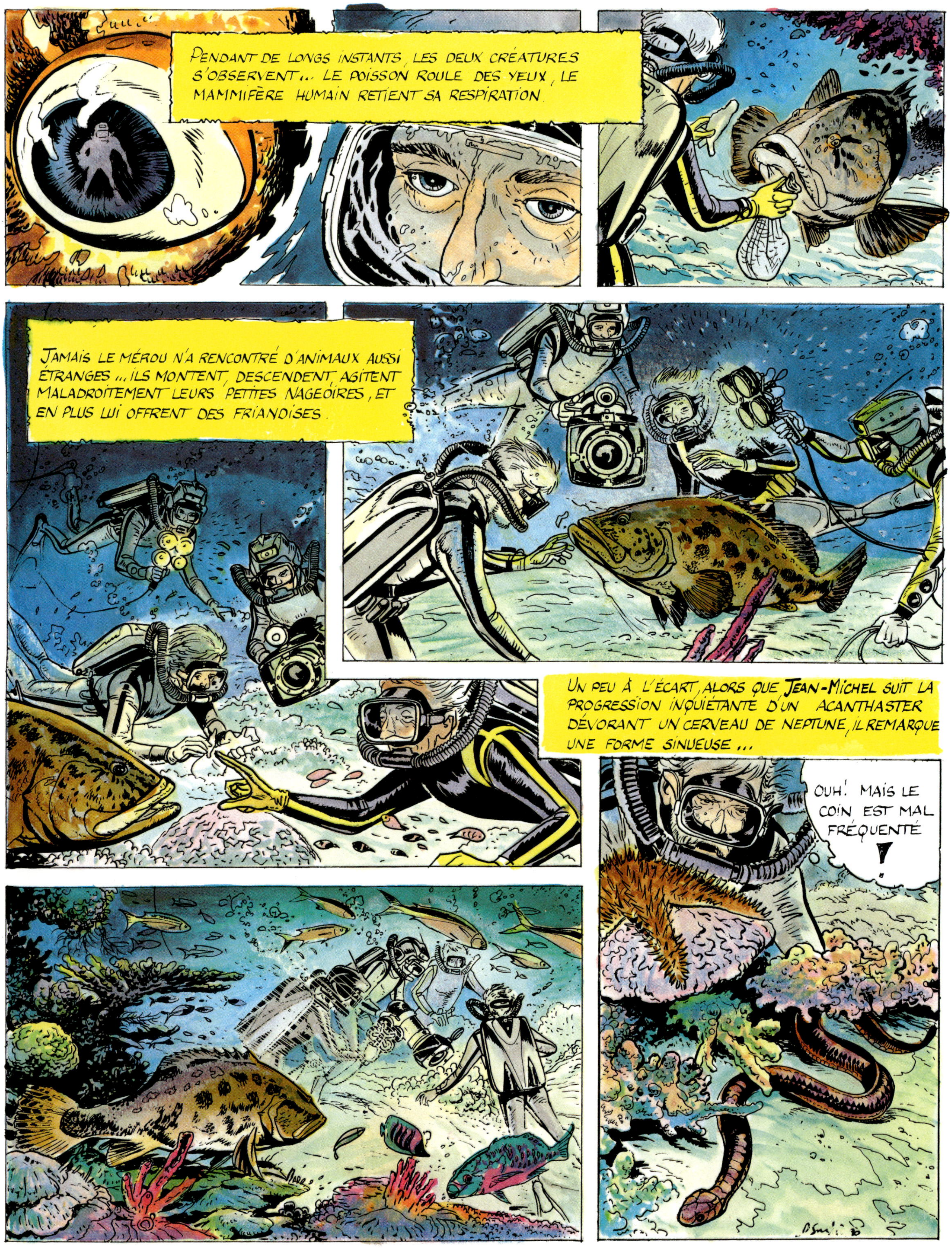

PENDANT DE LONGS INSTANTS, LES DEUX CRÉATURES S'OBSERVENT... LE POISSON ROULE DES YEUX, LE MAMMIFÈRE HUMAIN RETIENT SA RESPIRATION.
JAMAIS LE MÉROU N'A RENCONTRÉ D'ANIMAUX AUSSI ÉTRANGES... ILS MONTENT, DESCENDENT, AGITENT MALADROITEMENT LEURS PETITES NAGEOIRES, ET EN PLUS LUI OFFRENT DES FRIANDISES.
UN PEU À L'ÉCART, ALORS QUE JEAN-MICHEL SUIT LA PROGRESSION INQUIÉTANTE D'UN ACANTHASTER DÉVORANT UN CERVEAU DE NEPTUNE, IL REMARQUE UNE FORME SINUEUSE...
OUH! MAIS LE COIN EST MAL FRÉQUENTÉ !

L'ARRIVÉE DE L'ÉQUIPE CINÉMA AVEC LES ÉCLAIRAGES PARAÎT INQUIÉTER LE COBRA QUI SE MET À NAGER VIVEMENT EN PLEINE EAU, ET SE RETOURNE VERS JEAN-MICHEL
HÉ! DOUCEMENT! ON NE TE VEUT PAS DE MAL!
AH! TU ES BIEN CURIEUX, MON JOLI! TU VEUX JUSTE VOIR À QUOI JE RESSEMBLE!
BRR... J'AI BEAU SAVOIR QU'IL NE MORD PAS... J'EN AI FROID DANS LE DOS!
SA CURIOSITÉ SATISFAITE, LE SERPENT REMONTE VERS LA SURFACE POUR RESPIRER
LA SÉQUENCE "COBRA" TERMINÉE, L'ÉQUIPE, À LA RECHERCHE D'UN NOUVEAU SUJET, SE LAISSE PORTER PAR LE COURANT, ET FRANCHIT LA PASSE VERS LA HAUTE MER.. SOUDAIN...
LÀ... DANS LA FAILLE ... UN REQUIN LÉOPARD!

QUELQUES SECONDES SUFFISENT À L'ÉQUIPE POUR ORGANISER LE TOURNAGE D'UNE SÉQUENCE AVEC LE SQUALE MOUCHETÉ.
CAMERAMAN, ÉCLAIRAGISTE COMMUNIQUENT PAR GESTES. ILS PARVIENNENT À CERNER LE REQUIN. SURPRIS, IL HÉSITE, SE GLISSE ENTRE LES BLOCS DE CORAIL ET S'IMMOBILISE. ... LENTEMENT JYC S'APPROCHE ...
REQUIN LÉOPARD!.. UN GROS CHAT, OUI!!! VOYONS SI TU AIMES LES CARESSES ...
BIEN QU'ASSEZ IMPRESSIONNANT CE REQUIN "LÉOPARD" NE MÉRITE PAS VRAIMENT SON NOM...
A PEINE LA MAIN DE JYC EFFLEURE-T-ELLE LA PEAU RUGUEUSE DU SQUALE, QUE CELUI-CI SE DÉGAGE BRUSQUEMENT. À GRANDS COUPS DE QUEUE, EN SOULEVANT DES NUAGES DE SABLE.
C'EST BON! ON A COMPRIS!... PAS LA PEINE DE JOUER AU MÉCHANT!!!
VOILÀ! ENCORE UNE BELLE SÉQUENCE DANS LA BOÎTE!
BIEN!... JE CROIS QU'IL EST TEMPS DE REMONTER...

LES CAMÉRAS CHARGÉES D'IMAGES EXCEPTIONNELLES, LES PLONGEURS ENTAMENT UNE LENTE REMONTÉE, SUIVIS DU REGARD PAR LE MÉROU, QUI, LUI AUSSI, DÉCIDE DE REGAGNER SON DOMAINE.
SIX MÈTRES... STOP! PREMIER PALIER...
JYC ET JEAN-MICHEL COMPARENT LEURS MONTRES ET PROFONDIMÈTRES POUR CALCULER LES TEMPS DE DÉCOMPRESSION SOUDAIN...
NOUS N'ALLONS PAS ÊTRE SEULS AU PALIER! VOILÀ DE LA COMPAGNIE!
SOUS LEURS MASQUES, UN GRAND BARRACUDA SE TIENT IMMOBILE, LA GUEULE ENTROUVERTE...
ALORS, VIEUX CABOTIN! TOI AUSSI TU VEUX QU'ON TE FILME!

PORTÉS PAR UN FORT COURANT DE MARÉE, DES MILLIERS DE POISSONS ENTRENT DANS LE LAGON.
CARANGUES ET BARRACUDAS MÊLÉS PARTICIPENT À UNE FRÉNÉSIE ALIMENTAIRE TAILLANT À PLEINE GUEULE DANS UN BANC DE PETITS ALEVINS.
SOUDAIN LE RIDEAU SCINTILLANT DES POISSONS PARAÎT SE DÉCHIRER. LA LUMIÈRE SE VOILE ET DEUX OMBRES GIGANTESQUES ET FANTÔMATIQUES PLANENT AU-DESSUS DES PLONGEURS
DES DIABLES DE MER EN BOUQUET FINAL! DÉCIDÉMENT NOUS SOMMES COMBLÉS!

SANS TENIR COMPTE DE LA PRÉSENCE DES PLONGEURS, LES DEUX RAIES MANTAS, LA GUEULE LARGEMENT OUVERTE, ENGOUFFRENT PAR CENTAINES DES PETITS ALEVINS
OH! LÀ!!! L'OCCASION EST TROP BELLE! JE TENTE LE COUP...
AVEC UN BON ÉCLAIRAGE JE FAIS UN PLAN D'ENFER !!!
AUSSI MAJESTUEUSEMENT QU'ELLES SONT APPARUES, LES DEUX MANTAS S'ÉLOIGNENT DANS UN GRACIEUX BATTEMENT D'AILES.
SACRÉ JEAN-MICHEL... IL L'A SÉDUITE... ÇA A L'AIR DE LUI PLAIRE!

PASSEZ - MOI VOTRE BLOC, COMMANDANT. ALORS C'ÉTAIT BIEN ?
OUI... OUI... INTÉRESSANT, MAIS ATTENDEZ... JE MONTE...
BON, D'ACCORD... J'AI COMPRIS... SANS COMMENTAIRE... PASSEZ-MOI L'ÉCLAIRAGE, LES GARS !
HÉ ! NE VOUS FÂCHEZ PAS, PAUL... NOUS ALLONS TOUT VOUS RACONTER
NOUS, VOUS COMPRENEZ C'EST TOUJOURS PAREIL... GRILLÉS AU SOLEIL AVEC LE GROUPE QUI PÉTARADE...
OH ! VOUS N'AVEZ RIEN RATÉ, PAUL ! ... CE N'ÉTAIT PAS TERRIBLE ... N'EST-CE PAS, JEAN-MICHEL ?
QUOI !!! TU PLAISANTES. ET LES MANTAS, LE REQUIN LÉOPARD, LE SERPENT MARIN !!!
PAR TRADITION, LE RETOUR SUR CALYPSO APRÈS LA PLONGÉE EST UN MOMENT DE DÉTENTE... ET L'OCCASION EST TROP BELLE POUR JYC DE TAQUINER JEAN-MICHEL...
IL Y A PLUSIEURS ANNÉES QUE NOUS N'AVONS PAS PLONGÉ SUR UN SITE AUSSI RICHE !...
ALLEZ... C'EST VRAI... JE TE FAIS ENRAGER !!! C'ÉTAIT UNE TRÈS BELLE PLONGÉE !
Johnson

JÉRÔME ! VA PRÉVENIR LE CUISTOT... JEAN-MICHEL ET LE PACHA SONT DE RETOUR !
C'ÉTAIT LA DERNIERE PLONGÉE ? ... ALORS C'EST SÛR, DEMAIN ON LEVE L'ANCRE.
À VOS ORDRES CAPTAIN JE ME CHARGE DE CETTE DÉLICATE ENTREPRISE...
HUM... HUM... ÇA SENT BON PAR ICI... TU NOUS MIJOTES UNE DE TES SPÉCIALITÉS... LES PLONGEURS ARRIVENT, C'EST PRÊT ?
OUI... BRÛLÉ, CARBONISÉ... C'EST CUIT DEPUIS UNE HEURE... IL VA M'ENTENDRE, LE PACHA... TOUJOURS EN RETARD !
MOI TU SAIS !... JE SUIS EN MISSION DE DÉGUSTATION... HUM... SUPER !!!
OUI... EH BIEN, DES EXPERTS COMME TOI, IL EN DÉFILE TOUTE LA JOURNÉE... ALORS VA VOIR AU FOND DES MERS SI J'Y SUIS !
JE VAIS LES AIDER À DÉBARQUER LE MATÉRIEL... TU VIENS ?
NON, IL FAUT QUE JE FINISSE DE DÉMONTER LA CAMÉRA...
AH, JE COMPRENDS ! C'ÉTAIT UNE PLONGÉE FAMILIALE...
AH, ÉCOUTEZ... VOILA 3ANS QUE J'ATTEN- -DAIS L'OCCASION DE PLONGER AVEC JEAN-MICHEL ...
ALORS VOUS ÊTES PARTIS PLONGER EN DOUCE ... ET SANS MOI !
MAIS MAUPITI TU AS DÉJA PLONGÉ DEUX FOIS AUJOUR- D'HUI !

JE NE SAIS PAS SI TU ES COMME MOI, JYC, MAIS UN SPECTACLE COMME AUJOURD'HUI JE NE M'EN LASSERAI JAMAIS...
VOILÀ PLUS DE CINQUANTE ANS QUE JE PLONGE ET JE RESSENS TOUJOURS LE MÊME PLAISIR !...
C'EST TOUT DE MÊME RASSURANT DE CONSTATER QU'IL EXISTE DES ZONES DE VIE MARINE ENCORE VIERGES...
OUI MAIS C'EST INQUIÉTANT QU'IL FAILLE VENIR JUSQU'ICI POUR LES TROUVER...
IMAGINE QU'IL Y A À PEINE 50 ANS LA MÉDITERRANÉE ÉTAIT AUSSI RICHE QU'ICI.
...TU AVAIS 6 ANS LORSQUE JE T'AI FAIT PLONGER POUR LA PREMIÈRE FOIS AVEC PHILIPPE EN MÉDITERRANÉE... DANS QUELQUES METRES D'EAU, IL Y AVAIT DE GROS MÉROUS ET DES MILLIERS DE POISSONS...
EN MOINS D'UNE GÉNÉRATION LES FONDS SOUS MARINS ONT ÉTÉ SACCAGÉS PAR LES PLONGEURS ET LES PÊCHEURS...

C'EST ÉVIDENT ... ON MANQUE DE RECUL ... CEUX QUI PLONGENT AUJOURD'HUI PENSENT QUE LA MÉDITERRANÉE A TOUJOURS ÉTÉ AINSI ...
ET MALHEUREUSEMENT PARTOUT C'EST UN PEU LE MÊME CONSTAT ... RÉCIFS RAVAGÉS ... PÊCHE INTENSIVE TU TE RAPPELLES CE QUE NOUS AVONS VU À BORNÉO ?
POUR FOURNIR LES HÔTELS, LES PÊCHEURS LOCAUX ABANDONNENT LES TECHNIQUES DE PÊCHE TRADITIONNELLES POUR DES MÉTHODES TERRIBLEMENT DÉVASTATRICES QUI RAVAGENT LE LITTORAL : DYNAMITE, POISON ... TANDIS QU'AU LARGE DES CHALUTIERS SE LIVRENT À LA PÊCHE INDUSTRIELLE POUR ALIMENTER LES MARCHÉS INTERNATIONAUX ...
CLUB
BE HAPPY
ET TU NE PERDS JAMAIS ESPOIR, JYC ? MOI, J'AVOUE QUE PARFOIS JE ME SENS BIEN DÉSARMÉ FACE À DE TELLES MENACES ...
OUI, MAIS NOTRE FORCE, C'EST L'IMAGE ... NOS ARMES LES CAMÉRAS ... NOS TÉMOIGNAGES SONT ESSENTIELS CAR ILS PERMETTENT DE DRESSER UN BILAN DE L'ÉTAT ÉCOLOGIQUE DE NOTRE PLANÈTE

OUI, À PRÉSENT AVEC NOS DEUX BATEAUX NOUS AVONS ÉLARGI NOTRE CHAMP D'ACTION.
VIENS JETER UN COUP D'ŒIL À LA CARTE GÉNÉRALE DES EXPÉDITIONS !
AH ! BÉBERT, VOULEZ-VOUS NOUS SORTIR LE GRAND ROUTIER ...
VOUS TOMBEZ BIEN ! J'ÉTAIS JUSTEMENT EN TRAIN DE LE METTRE À JOUR, COMMANDANT !
CALYPSO
POUR MENER À BIEN LA MISSION "REDÉCOUVERTE DU MONDE", CALYPSO ET ALCYONE ONT SUIVI DEUX ROUTES DIFFÉRENTES ... PARTIE DE MIAMI, "CALYPSO" A TRAVERSÉ LE PACIFIQUE, ALORS QU'ALCYONE, PARTIE DE LA ROCHELLE, FAISAIT LE TOUR DU CONTI-NENT AMÉRICAIN PAR LE CAP HORN.
ALCYONE
FINALEMENT NOUS AVONS COUVERT PAS MAL DE TERRAIN EN 3 ANS ... DEMAIN NOUS METTONS LE CAP SUR L'OCÉAN INDIEN .. ET VOUS, QUEL EST VOTRE PRO-GRAMME AVEC ALCYONE ?
J'AI PRÉVU UNE MISSION EN AUSTRALIE DU SUD POUR ÉTUDIER UNE ESPÈCE LÉGENDAIRE QUE NOUS N'AVONS ENCORE JAMAIS FILMÉE ... LE GRAND REQUIN BLANC ...
"LA REDÉCOUVERTE DU MONDE" C'EST L'EXTRAORDINAIRE MISSION DES ÉQUIPES DE LA "CALYPSO" ET DE L'"ALCYONE". CINQ ANNÉES D'EXPLORATION POUR ÉVALUER LES TRANSFORMATIONS SUBIES PAR LES GRANDS ENSEMBLES NATURELS, DEPUIS LEUR DÉCOUVERTE PAR LES EXPLORATEURS DU SIÈCLE DERNIER.

A L'AUBE, LES NAVIRES SE SÉPARENT, CAP À L'OUEST POUR CALYPSO ... CAP AU SUD POUR L'ALCYONE
ALCYONE
... ET LES VOILÀ PARTIS SUR LA PISTE DU GRAND REQUIN BLANC ... ENCORE UN BEAU SUJET D'ÉTUDE!
AH! J'AURAIS BIEN AIMÉ LE VOIR CE FAMEUX REQUIN ... EN 30 ANS DE PLONGÉE, JE N'EN AI JAMAIS RENCONTRÉ UN SEUL!
ADIEU CALYPSO ... AH! ÇA ME FAIT QUELQUE CHOSE ...
BAH!!! TU VAS VITE T'HABITUER À ALCYONE TU VERRAS, CE N'EST PAS MAL NON PLUS!!!
VENT DE TRAVERS, "ALCYONE" FEND LES FLOTS ... MOTEUR ARRÊTÉ ... COMME PAR MAGIE ... ENTRAÎNÉE PAR SES TURBO-VOILES ... SUR LA PASSERELLE, JEAN-MICHEL ET LE CAPITAINE CONTRÔLENT L'ORIENTATION DES CYLINDRES.
8 NŒUDS ... PAS MAL ... SI LE VENT SE MAINTIENT NOUS SERONS AUX ÎLES WUVULU DANS MOINS DE 3 JOURS ... ON POURRAIT Y FAIRE ESCALE.

ALORS, SERGE, COMMENT VA LA VIE À BORD DE L'ALCYONE ? ... TOUT TOURNE ROND?
POUR TOURNER ROND ÇA TOURNE ROND ... SAUF LES TURBOVOILES ! JE DOIS T'AVOUER QUE JE N'AI TOUJOURS PAS COMPRIS LEUR FONCTION-NEMENT...
ALCYONE
AH! AH! ET TU N'ES PAS LE SEUL ICI ! ÇA SEMBLE VRAIMENT MAGIQUE...
MAGIQUE C'EST LE MOT... JE CROYAIS QUE LES CYLINDRES TOURNAIENT... IL NE SE PASSE RIEN ET ON AVANCE QUAND MÊME...
le système des turbovoiles de l'Alcyone est une version améliorée des voiles cylindriques d'Anton Flettner, un physicien allemand qui découvrit, en étudiant les lois de l'aérodynamisme qu'un cylindre tournant pouvait remplacer une voile.
A
Un cylindre fixe placé dans le vent détourne les filets d'air et crée une aspiration (A)
B
Si le cylindre tourne, l'aspi-ration est telle que ce cylindre placé sur une coque de bateau peut le faire avancer (B)
C
Les turbovoiles ne tournent pas (trop dangereux), mais sont dotées d'un système d'aspiration (C) qui augmente le rendement du système et le rend 6 à 7 fois supérieur à une voile classique de même surface
11 - Ventilateur
22 - Grille d'aspiration
33 - Aileron orientable
44 - Girouette anémomètre
55 - Ordinateur
VENT
L'ORIENTATION DU VOLET PAR RAPPORT AU VENT EST COMMANDÉE PAR CET ORDINATEUR EN FONCTION DES INFOS FOURNIES PAR LES CAPTEURS
L'ASPIRATION SUPPRIME LES TURBULENCES SUR L'ARRIÈRE DU CYLINDRE QUI FREINENT LA PRO-GRESSION DU NAVIRE VOILÀ ... C'EST SIMPLE, NON ?
EUH, OUI... ÉVIDEMMENT ENFIN, COMME DISAIT MON ONCLE QUI ÉTAIT UN GRAND PHILOSOPHE, L'IMPORTANT, C'EST QUE ÇA MARCHE !

SUR ALCYONE LES JOURS PASSENT RYTHMÉS PAR LES TRAVAUX DU BORD ET LES LONGUES HEURES DE QUART PARFOIS ÉGAYÉES PAR LA VISITE DE DAUPHINS.
NOUS AVONS PRIS DE L'AVANCE ... JE PROPOSE UNE ESCALE DANS CETTE ÎLE ... QU'EN PENSEZ-VOUS ?
OK... NOUS POURRIONS MOUILLER DANS CETTE BAIE ABRITÉE
... A PEINE ANCRÉE, UNE FLOTTILLE DE PIROGUES ENTOURE ALCYONE ...
EH, JEAN-MICHEL ! VIENS VITE ... IL Y A DU MONDE SUR TON ÎLE DÉSERTE !!!

LA VIE DES INSULAIRES SE RÉVÈLE SI PASSIONNANTE, QUE L'ESCALE D'ALCYONE SE PROLONGE, ET CHAQUE JOUR APPORTE UNE NOUVELLE SURPRISE.
TU ES SUR DE CETTE HISTOIRE DE REQUIN, DICK !
TOUT LE VILLAGE EN PARLE ... DÉPÊCHE - TOI, LE PÊCHEUR EST DÉJÀ EN MER ...
OUI, ET RETIENTS BIEN TON SOUFFLE SINON LES REQUINS VONT SE MÉFIER ... IL FAUT ABSOLUMENT QU'ILS NE DÉTECTENT PAS TA PRÉSENCE
BON ... JE DESCENDS ET JE ME CACHE, C'EST BIEN ÇA !
LE TOUT EST DE TROUVER UNE FAILLE ... LA VOILÀ ... OUAH ... ATTENTION AUX OURSINS ...
PAS MAL ICI ... JE VOIS LA PIROGUE SANS ÊTRE PIQUÉ
ET MAINTENANT PATIENCE ... ECONOMISONS L'AIR ... ÇA RISQUE DE DURER UN BON MOMENT !!!

ON DIRAIT QU'IL COGNE UNE SORTE DE HOCHET CONTRE LA COQUE !
CLAC ! CLAC ! LES VIBRATIONS DES COCOS RÉSONNENT SOUS LA SURFACE...
LES ONDES SONORES SE RÉPERCUTENT À TRAVERS LES EAUX CRISTALLINES ... ET FINISSENT PAR ATTIRER UN RÔDEUR AU PROFIL INQUIÉTANT...
BON SANG ÇA MARCHE... INCROYABLE EN VOILÀ UN.
!!!

POUSSÉ PAR SA CURIOSITÉ DE PRÉDATEUR, LE REQUIN GRIS MONTE JUSQU'À LA SURFACE ... ET TOURNE AUTOUR DE LA PIROGUE...
REQUIN, REQUIN, ... VIENS... ÉCOUTE LA MUSIQUE, ENCORE PLUS PRÈS... APPROCHE...
SANS S'IMPATIENTER, LE PÊCHEUR CONTINUE D'INVOQUER L'ESPRIT DU REQUIN... TOUT EN FRAPPANT LA SURFACE AVEC SON HOCHET DE NOIX DE COCO ....
TU CROIS QU'IL VA TENTER DE LE HARPON--NER..
NON, NON... ON DIRAIT QU'IL VA L'ATTRAPER AVEC UN LASSO !!!
AÏE ... AÏE... AÏE ! JE SUIS TROP LOIN POUR FILMER ... JE VAIS MANQUER LA CAPTURE !
PRIS AU PIEGE DU LASSO, LE SQUALE SE DÉBAT ... MAIS LE PÊCHEUR NE LÂCHE PAS PRISE ... ET ...
IL A RÉUSSI !!! MAIS IL VA RENVERSER LA PIROGUE !!!

… QUELQUES COUPS DE GOURDIN SUR LE FRAGILE MUSEAU DU MALHEUREUX SQUALE ET CELUI-CI ABANDONNE LA LUTTE …
ÇA ALORS… QUELLE LEÇON DE PÊCHE EXTRAORDINAIRE
…JUSTE AVEC SON HOCHET ET SA MINUSCULE PIROGUE…
FASCINÉ PAR LES CONNAISSANCES DES INSULAIRES SUR LA FAUNE ET LA FLORE, JEAN-MICHEL MODIFIE LE PROGRAMME D'ALCYONE ET PROLONGE LE SÉJOUR DE L'ÉQUIPE DANS LES ÎLES
EN SURFACE, EN PLONGÉE ILS SUIVENT LES PÊCHEURS DANS LEUR QUÊTE QUOTIDIENNE DE NOURRITURE …
PUIS ALCYONE REPREND SA ROUTE … LE LONG DE L'ARCHIPEL …

D'ÎLES EN ÎLES, ALCYONE DESCEND VERS LA POINTE EXTRÊME DE LA MER DE BISMARCK ... SUR LA ROUTE, LE NAVIRE FUTURISTE CROISE DES VOILIERS TRADITIONNELS .. DES RÉCIFS DÉSERTS OÙ LA VIE SAUVAGE SE DÉROULE LOIN DES HOMMES.
EH ! REGARDEZ LÀ-BAS ... IL Y A QUELQUE CHOSE QUI FLOTTE JE NE LES VOIS PLUS ... SI... LÀ
... UN ... DEUX AILERONS ... SÛREMENT DES GRANDS REQUINS ...
FAIS VOIR. TU ES SÛR !! PASSE-MOI LES JUMELLES, SERGE
TU ES CERTAIN QUE CE NE SONT PAS DES DAUPHINS ?
OUI ... ILS NE NAGENT PAS DE LA MÊME FAÇON ... EN PLUS ILS ONT L'AIR IMMOBILES ...
MOI, JE NE DISTINGUE RIEN. ... SANS DOUTE ONT-ILS REPLONGÉ ...
IL FAUT ALLER VOIR DE PLUS PRES ... ON MET LE ZODIAC À L'EAU ...
OK ! JE VAIS PRÉVENIR LES AUTRES ET PRÉPARER LE MATÉRIEL

C'EST LE BRANLE-BAS DE COMBAT SUR ALCYONE
ALORS, TU LES AS TOUJOURS EN VUE, PAUL ?
NON ... AVEC LE SOLEIL DE FACE, JE LES AI PERDUS
JRC
DU HAUT DES TURBO-VOILES TU DEVRAIS LES VOIR ... GRIMPES-Y ... !
MOI !!! MAIS J'AI LE VERTIGE ... MÊME SUR UN ESCABEAU ... ALORS !!!
PAR L'INTÉRIEUR DU CYLINDRE, PAUL SE HISSE JUSQU'À LA PLATE-FORME ... 6 MÈTRES AU-DESSUS DE LA MER.
OOOH ... ET ÇA BOUGE EN PLUS, MALHEUR ... AH !!!
ZODIAC ... ZODIAC ICI PAUL ... JE LES VOIS SUR TRIBORD ARRIÈRE ... DEUX, NON TROIS AILERONS ...
BRAVO ! GUIDE-NOUS VERS EUX ... ON RESTE SUR ÉCOUTE !
DOUCEMENT AVEC LE MOTEUR ... IL NE FAUT PAS LES EFFRAYER !
ET SI C'ÉTAIENT DES REQUINS BLANCS ... JE ...
NON ! ILS NE VIVENT PAS EN GROUPE ... JE PENSE PLUTÔT À DES ... ÉCOUTEZ !!! ÇA SOUFFLE ... LÀ DEVANT !!!
... DES ORQUES UN GRAND MÂLE, ET SÛREMENT LA FEMELLE !

EH ! IL Y A AUSSI UN PETIT... C'EST UNE VRAIE FAMILLE ...
OH ... ALORS PRUDENCE ! IL NE FAUT SURTOUT PAS INQUIÉTER LES PARENTS, D'ACCORD !
EN SE JETANT À L'EAU, CHACUN SONGE À LA RÉPUTATION EFFRAYANTE DES ORQUES.
EAU CLAIRE ... BONNE LUMINOSITÉ ... !! SUPER ... IL NE S'AGIT PAS DE RATER UNE TELLE OCCASION !
SANS GESTES BRUSQUES, L'ÉQUIPE S'APPROCHE LENTEMENT DES ORQUES QUI SEMBLENT SOMNOLER, INDIFFÉRENTS, COMME SUSPENDUS AU-DESSUS DU BLEU INFINI ..., ENTRAÎNÉS PAR UN LÉGER COURANT ...
FABULEUX ! ET EN PLUS, ILS N'ONT PAS L'AIR FAROUCHES ... ON DIRAIT QU'ILS DORMENT !
AH !!! PARFAIT DIAPH 5.6, SI JEAN-MICHEL POUVAIT ENTRER DANS LE CHAMP ... ENCORE 3 MÈTRES ET ... C'EST BON !
MAIS LES ORQUES NE DORMENT PAS ... LE GRAND MÂLE SUIT LA PROGRESSION DES PLONGEURS ET LORSQU'IL JUGE CEUX-CI TROP PRÈS ... TOUTE LA FAMILLE BASCULE ET PIQUE VERS LE FOND ...
BON ... COMPRIS, RIEN DANS LA BOÎTE ... !!! QUELLE POISSE !!!

LES ORQUES ONT DISPARU LOIN DU REGARD DES PLONGEURS, LIMITÉS À 60 MÈTRES, MALGRÉ LEURS ÉQUIPEMENTS PERFECTIONNÉS. SANS EFFORT, LES GRANDS MAMMIFÈRES MARINS GLISSENT LE LONG D'UNE PAROI VERTICALE, VERS L'ABÎME.
PARVENUS SUR LE FOND, LES ÉPAULARDS SANS HÉSITER, SE DIRIGENT DANS LES TÉNÈBRES, VERS UN GROUPE DE REQUINS EN MARAUDE...
EN UN INSTANT, LES ORQUES ÉPAULARDS SE RÉVÈLENT DE REDOUTABLES PRÉDATEURS. CONFRONTÉS À L'INTELLIGENCE DES MAMMIFÈRES MARINS LES REQUINS SONT PERDUS.
DEUX SQUALES SONT SAISIS, ÉCRASÉS DANS L'ÉTAU DES MÂCHOIRES DU GRAND MÂLE ET DE LA FEMELLE, SANS AVOIR PU LUTTER.

BON... EH BIEN TANT PIS... INUTILE DE VIDER L'AIR DES BOUTEILLES... C'EST CUIT!!!
OUAH! QUELLE POISSE, ILS ONT PLONGÉ JUSTE QUAND J'ARRIVAIS À PORTÉE... JE N'AI RIEN PU FILMER!
OUI... JE M'EN DOUTAIS. BAH! RETOURNONS AU ZODIAC ET ATTENDONS. ILS VONT PEUT-ÊTRE REMONTER!
ALLEZ, UN DERNIER COUP D'OEIL ON NE SAIT... OOH!!!
EH! REVENEZ VITE... ILS SONT LA !!!
COMME POUR MONTRER LEURS TROPHÉES, LES ORQUES REMONTENT SOUS LES PLONGEURS ET PARADENT AVEC LES REQUINS AGONISANTS; FASCINÉS PAR CETTE DÉMONSTRATION DE FORCE TRANQUILLE, LE CINÉASTE ET LE PHOTOGRAPHE TENTENT DE FIXER CETTE SCENE INCROYABLE...

BRRR!!! MAIS ILS S'AMUSENT COMME DES CHATS AVEC DES SOURIS... PAUVRES REQUINS... ILS NE FONT VRAIMENT PAS LE POIDS!
IL FAUT ABSOLUMENT FILMER ÇA... SINON PERSONNE NE NOUS CROIRA!
LÂCHANT LES SQUALES PUIS LES RATTRAPANT LES ÉPAULARDS PARAISSENT PRENDRE UN GRAND PLAISIR À JOUER AVEC LEURS VICTIMES PANTELANTES, BIENTÔT ACHEVÉES, MISES EN PIÈCES, PUIS DÉVORÉES EN FAMILLE... UN MOMENT INTENSE DONT LES PLONGEURS PROFITENT POUR SE RAPPROCHER...
OH! VOILÀ UN GROS PLAN FANTASTIQUE... CELUI-LÀ LOUIS NE PEUT PAS LE MANQUER!
UN DERNIER COUP DE QUEUE ET LES ORQUES PLONGENT LAISSANT DERRIÈRE EUX QUELQUES DÉBRIS SANGUINOLENTS
MAIS QUE LUI ARRIVE-T-IL?
!! MOUBLOUB GROUBLOUUD

LE RIDEAU BLEU DE LA MER S'EST REFERMÉ SUR CE SPECTACLE ... LAISSANT LES PLONGEURS IMMOBILES, INCRÉDULES ...
CETTE FOIS-CI JE CROIS QU'ILS SONT VRAIMENT PARTIS ... SACRÉE DÉMONSTRATION DE FORCE !
ATTENTION ! BOITE À IMAGES... TRES PRÉCIEUSE.
WOUAAH !! PINCEZ-MOI, LES GARS ! DITES-MOI QUE JE N'AI PAS RÊVÉ ! VOUS AVEZ VU ÇA ... NON, MAIS C'EST DINGUE !
J'EN AI ENCORE DES FRISSONS DANS LE DOS ... JE N'AURAIS PAS AIMÉ ÊTRE UN REQUIN !
OUI ... ET HEUREUSEMENT QU'ILS NE S'EN SONT PAS PRIS À NOUS ... NOUS N'AURIONS EU AUCUNE CHANCE !
RASSURE-MOI LOUIS ... TU AS BIEN TOUT FILMÉ ...
OUI, OUI ... MAIS DE LOIN ... ET NATURELLEMENT AU MEILLEUR MOMENT LA BOBINE ÉTAIT DÉJÀ TER-MINÉE !
L'ÉQUIPE RESTÉE À BORD D'ALCYONE ACCUEILLE AVEC SOULAGEMENT LES PLONGEURS ... IMPATIENTS DE CONNAÎTRE LE DÉROULEMENT DE LEUR MISSION ...
ALCYONE
LA MALÉDICTION DU CINÉASTE SOUS-MARIN A ENCORE FRAPPÉ !
EH ! LES ANIMAUX NE SONT PAS DES ACTEURS !
NON ... ET PAS QUESTION DE LEUR DEMANDER DE REJOUER DIX FOIS LA MÊME SCÈNE !

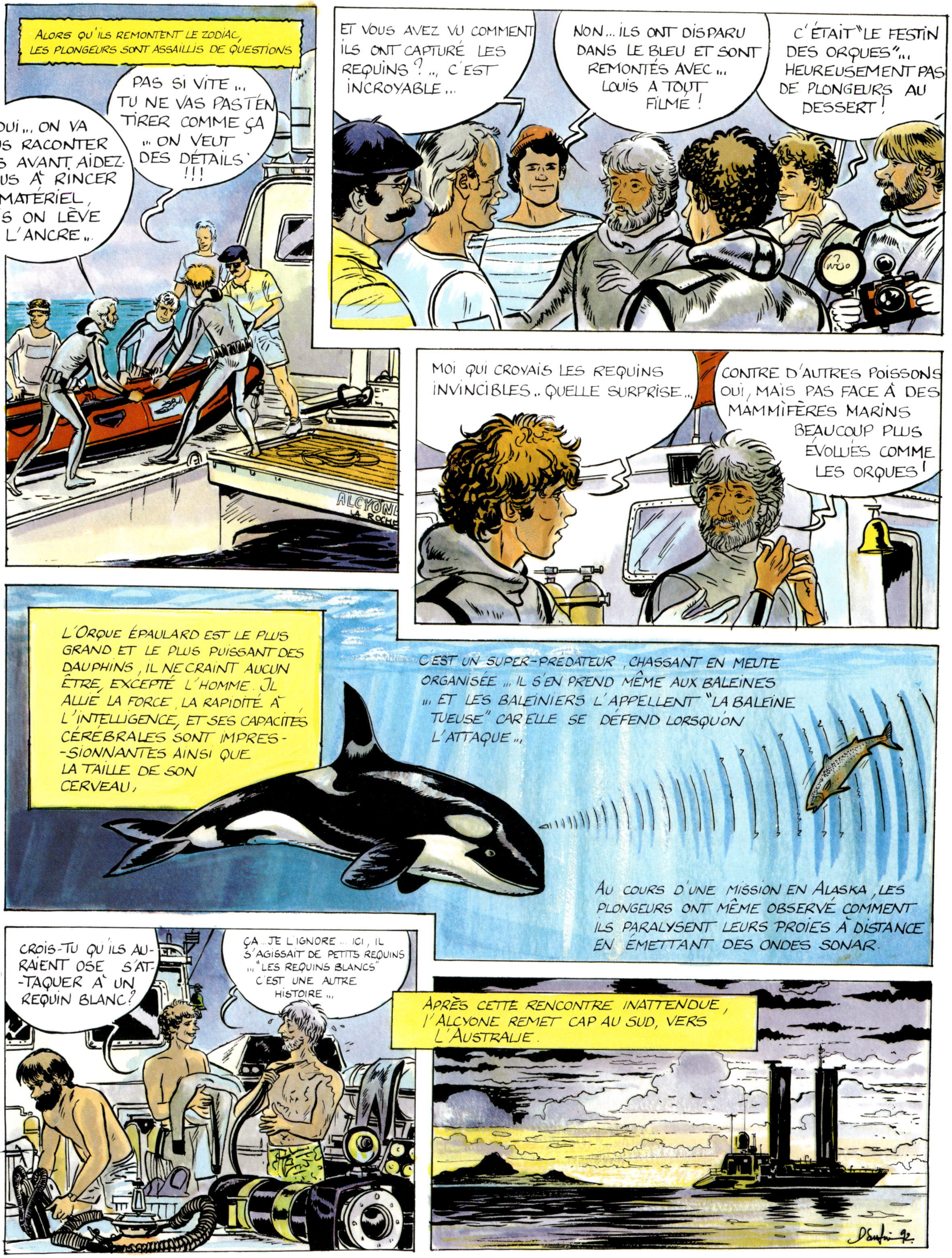
ALORS QU'ILS REMONTENT LE ZODIAC, LES PLONGEURS SONT ASSAILLIS DE QUESTIONS
PAS SI VITE ... TU NE VAS PAS T'EN TIRER COMME ÇA ... ON VEUT DES DÉTAILS !!!
OUI ... ON VA VOUS RACONTER MAIS AVANT, AIDEZ-NOUS À RINCER LE MATÉRIEL, PUIS ON LÈVE L'ANCRE ...
ALCYONE LA ROCHE
ET VOUS AVEZ VU COMMENT ILS ONT CAPTURÉ LES REQUINS ? ... C'EST INCROYABLE ...
NON ... ILS ONT DISPARU DANS LE BLEU ET SONT REMONTÉS AVEC ... LOUIS A TOUT FILMÉ !
C'ÉTAIT "LE FESTIN DES ORQUES" ... HEUREUSEMENT PAS DE PLONGEURS AU DESSERT !
MOI QUI CROYAIS LES REQUINS INVINCIBLES .. QUELLE SURPRISE ...
CONTRE D'AUTRES POISSONS OUI, MAIS PAS FACE À DES MAMMIFÈRES MARINS BEAUCOUP PLUS ÉVOLUÉS COMME LES ORQUES !
L'ORQUE ÉPAULARD EST LE PLUS GRAND ET LE PLUS PUISSANT DES DAUPHINS, IL NE CRAINT AUCUN ÊTRE, EXCEPTÉ L'HOMME. IL ALLIE LA FORCE, LA RAPIDITÉ À L'INTELLIGENCE, ET SES CAPACITÉS CÉRÉBRALES SONT IMPRESSIONNANTES AINSI QUE LA TAILLE DE SON CERVEAU.
C'EST UN SUPER-PRÉDATEUR, CHASSANT EN MEUTE ORGANISÉE ... IL S'EN PREND MÊME AUX BALEINES ... ET LES BALEINIERS L'APPELLENT "LA BALEINE TUEUSE" CAR ELLE SE DÉFEND LORSQU'ON L'ATTAQUE ...
AU COURS D'UNE MISSION EN ALASKA, LES PLONGEURS ONT MÊME OBSERVÉ COMMENT ILS PARALYSENT LEURS PROIES À DISTANCE EN ÉMETTANT DES ONDES SONAR.
CROIS-TU QU'ILS AURAIENT OSÉ S'ATTAQUER À UN REQUIN BLANC ?
ÇA ... JE L'IGNORE ... ICI, IL S'AGISSAIT DE PETITS REQUINS ... "LES REQUINS BLANCS" C'EST UNE AUTRE HISTOIRE ...
APRÈS CETTE RENCONTRE INATTENDUE, L'ALCYONE REMET CAP AU SUD, VERS L'AUSTRALIE.
Dauphin 92

APRÈS UNE LONGUE NAVIGATION, ALCYONE ARRIVE EN AUSTRALIE EN LONGEANT LA CÔTE OUEST, PUIS LA CÔTE SUD POUR FINALEMENT ATTEINDRE PORT LINCOLN DANS LA BAIE D'ADÉLAÏDE.
"PORT LINCOLN:" PETIT PORT AUSTRALIEN PERDU FACE À L'IMMENSITÉ DU PACIFIQUE SUD ... RENDU TRISTEMENT CÉLÈBRE À LA SUITE D'UNE SÉRIE D'ACCIDENTS MORTELS AUTOUR DESQUELS EST NÉE UNE LÉGENDE ... LA LÉGENDE DE "LA MORT BLANCHE"... FICTION ... RÉALITÉ ... LES PLONGEURS DE L'ALCYONE VONT MENER UNE ENQUÊTE AU COEUR MÊME DU SANCTUAIRE DU GRAND REQUIN BLANC : "DANGEROUS REEF" ... VOUS LES RETROUVEREZ DANS LE PROCHAIN ALBUM.

CALYPSO
calypso